Inhalt

Gefährliche Chefetagen - Führungskräfte leiden zunehmend unter Stress

Kernthesen

Beitrag

Fallbeispiele

Weiterführende Literatur

Impressum

GENIOS WirtschaftsWissen Nr. 03 vom 14.03.2012

Gefährliche Chefetagen - Führungskräfte leiden zunehmend unter Stress

Robert Reuter

Kernthesen

- Eine komplexer gewordene Welt, ständige Erreichbarkeit und hohe Anforderungen durch Shareholder und Gesetze zehren an den Nerven von Managern und Führungskräften.
- Überforderung und Stress sind nicht nur schädlich für die Gesundheit. Auch das Führungsverhalten gerät in Mitleidenschaft.
- Ein Hauptproblem ist häufig der unorganisierte Umgang mit der Zeit. Experten empfehlen neben Zeitmanagement jedoch auch die Beschäftigung der Manager mit sich selbst.

Beitrag

Stress wird zum Hauptproblem

Überforderung und Stress sind keine Ausnahmefälle mehr, sondern stetige Begleiter unseres Arbeitslebens. Einer Studie zufolge fühlt sich die Hälfte aller Beschäftigten in einem Zustand permanenter Überforderung. Die durch Stress entstehenden Kosten sind enorm: Geschätzt wird, dass die Behandlung stressbedingter Krankheiten und die entstehenden Produktivitätsausfälle jährlich 6,3 Milliarden Euro ausmachen. Zu diesem Ergebnis kam eine Studie der Betriebskrankenkassen aus dem Jahr 2009. Demnach sollen stressbedingte Diagnosen heute eine doppelt so große Rolle spielen wie 1998. (1), (2)

Führungskräfte sind genauso betroffen

Dass angestellte Mitarbeiter unter Stress leiden und daran erkranken, ist schon seit vielen Jahren ein öffentliches Thema. Weniger akzeptiert ist es jedoch, wenn Führungskräfte unter Stress leiden. Manager gelten als Macher und Entscheider, die zwar ebenfalls viel Stress aushalten müssen, die aber nach landläufiger Meinung hierfür auch die richtige Konstitution mitbringen. Tatsächlich aber sind Führungskräfte dieselben Menschen wie angestellt Arbeitende und unterliegen darum der gleichen Anfälligkeit für Überforderungsgefühle. Aktuelle Untersuchungen haben ergeben, dass Manager insbesondere unter Zeitdruck und unklarer Informationslage zu leiden haben. Dabei konnte experimentell sogar nachgewiesen werden, dass unter Stress stehende Führungskräfte eher schlechte (das heißt falsche) Entscheidungen treffen als ungestresste Kollegen. (2)

Gefährliches Leben auf der Chefetage

Experten beobachten, dass das Leben auf der Chefetage heute so schwierig ist wie noch nie. Ausgelöst durch die Globalisierung und die allgegenwärtigen Veränderungen leben Manager heute ein Dasein zwischen Ohnmacht und Getriebensein. Begleitet wird der tägliche Kampf von der Angst, Zahlen nicht zu erreichen oder vor Aufgaben zu versagen und darum irgendwann die hart erkämpfte Position zu verlieren. Der Stress wird vom alltäglichen Wandel verursacht. Märkte sind heute volatiler als früher, Kundenentscheidungen verändern sich schneller, ähnlich schnelllebig ist die Digitaltechnik, für deren Erlernen dem Manager zudem oft die Zeit fehlt. Führungskräfte berichten, dass sie sich bei der Arbeit in einem permanenten Ausnahmezustand fühlen, bei dem jeder noch so kleine Fehler das endgültige Aus bedeuten kann. Experten sprechen von der heutigen Arbeitswelt als einer "explodierenden Komplexität", in der Überschaubarkeit und Klarheit kaum noch vorhanden sind. Der auf den Verantwortlichen lastende Druck wird noch von der allgegenwärtigen Präsenz der Medien, des Internets und damit der Öffentlichkeit verstärkt. Schlechte Nachrichten erscheinen heute häufiger in der Presse als früher und werden damit zur Zielscheibe von öffentlichen Diskussion, beispielsweise in Blogs und Chatrooms.

Ein weiterer Stressfaktor neben den hohen Erwartungen von Shareholdern und Investoren sind die den Unternehmen auferlegten Zwänge: durch das Gebot der Transparenz, Compliance, Corporate Governance, Analysten und Ratingagenturen. All diese regulatorischen Momente und ihre strengen Hüter setzen die Führungsriegen unter Druck. Für viele Manager ist das hohe Gehalt daher keine Belohnung, sondern wird als Schmerzensgeld empfunden.

Ein spezielles Problem für die tägliche Arbeit von Führungskräften ist die eklatant gewachsene Zahl von Meetings. Schätzungen zufolge verbringen heutige Manager 68 Prozent der Arbeitszeit in mehr oder weniger sinnvollen Gesprächsrunden. Verursacht wird die Gesprächsschwemme oft von den Führungskräften selbst: Experten berichten, dass die Manager der Mitarbeiterentwicklung häufig eine höhere Bedeutung beimessen, als von den Mitarbeitern eingefordert wird. Darauf wird so viel Zeit verwendet, dass es zu Lasten elementarer Führungstätigkeiten wie Weiterbildung, Problemlösungsaktivitäten oder Networking geht. Gänzlich fragwürdig werden Meetings durch die ermittelte Tatsache, dass rund der Hälfte der Führungskräfte die Zielstellung des nächsten Meetings gar nicht bekannt ist. (1)

Negative Folgen für die Führungsarbeit

Zeitdruck, Informationsmangel und die hohe Komplexität der Aufgaben verleiten Manager dazu, bei einer anstehenden Entscheidung auf frühere Erfahrungen zurückzugreifen. Dies ist an sich nicht falsch, führt in unserer schnelllebigen Gegenwart aber dazu, dass sich die Maßnahmen als ungeeignet erweisen können. Genannt wird dieses Verfahren "Matchingprozess", der sich dadurch auszeichnet, dass wesentliche Parameter infolge der Anwendung alter Rezepte übersehen werden. Die Folge ist, dass nicht immer die besten Optionen gewählt werden, den Führungskräften dieses fehlerhafte Verhalten aber nicht bewusst wird.

Ständig gehetzte Führungskräfte gefährden aber nicht nur ihre eigene Gesundheit und den Unternehmenserfolg, sondern stellen auch für ihre Umgebung eine Gefahr dar. Untersuchungen haben gezeigt, dass der gestresste Chef die gesamte Belegschaft destabilisiert und die Arbeitsproduktivität mindert. Das passiert nicht nur dann, wenn die Führungskraft infolge von Überlastung Entscheidungen verschiebt oder falsche Vorgaben macht. Ebenso negativ sind die Folgen für die Firma oder die Abteilung, wenn der Chef den selbst empfundenen Druck ständig an seine Mitarbeiter weitergibt, etwa indem er cholerisch immer schnellere Zuarbeit einfordert. Ist dieser Zustand von Dauer, führt der auf dem Manager lastende Druck zu einer beständigen Verminderung der Leistungsfähigkeit des ganzen Teams. (2)

Was ist eigentlich Stress?

Das Empfinden von Stress ist eine wichtige Funktion zur Bewältigung von Lebenssituationen. Die Evolution hat dem Menschen damit eine psychische und physische Reaktionsfähigkeit verschafft, die ihn in Gefahrensituationen schützt. Stress - etwa wenn aus dem Busch ein Säbelzahntiger hervorsprang - bedeutete erhöhte Aufmerksamkeit, gespannte Muskeln, ein schneller schlagendes Herz und daraus resultierend eine erhöhte körperliche Leistungsfähigkeit. Der Körper mobilisierte unter Stress ein ganzes Arsenal von Fertigkeiten, die dem Menschen auf der Flucht oder im Kampf helfen sollten. Erst wenn der Säbelzahntiger außer Reichweite war, stellte der Körper nahezu automatisch das anfängliche Gleichgewicht wieder her.

In heutiger Zeit quälen den Menschen eine Vielzahl von Sorgen, und dies oft ohne Unterbrechung. Dies führt fatalerweise dazu, dass die Stressreaktion des Körpers viel zu lange angeschaltet bleibt. Permanenter Stress ist heute der Nährboden für viele moderne chronische Krankheiten wie Bluthochdruck, Diabetes, Magengeschwüre oder Burn-out. (4)

Bewusster Umgang mit der Zeit

Um dem Stress beizukommen, empfehlen Wirtschaftspädagogen insbesondere einen bewussteren Umgang mit dem Faktor Zeit. Führungskräfte müssten erkennen, dass Zeit eine mehrdimensionale Größe sei, die einen bewussten Umgang mit ihr verdiene. Nötig sei die Fähigkeit, abhängig von der Situation, schneller oder langsamer zu handeln, Wiederholungen zuzulassen, wenn sie nötig würden und nicht zuletzt auch einfach einen Schlussstrich zu ziehen, wenn etwas erledigt sei oder es nicht weitergehe. Den Führungskräften attestieren die Zeitexperten demgegenüber einen meist völlig unreflektierten Umgang mit ihrer Zeit. Es werde nur von Meeting zu Meeting oder von Termin zu Termin gedacht - was einen gekonnten Umgang mit der Zeit unmöglich mache. (3), (5)

Psycho-mentale Stärke erreichen

Überdies sollten gestresste Führungskräfte nicht nur ihre körperliche, sondern auch ihre seelische Gesundheit im Auge behalten. Psychologen empfehlen insbesondere, eine aktive Bewusstseinssteuerung zu erlernen, deren Ziel es ist, das blockierende statische Selbstbild gegen ein dynamisches auszutauschen. Ein verstehender Umgang mit sich selbst kann dabei helfen, aus Denkschablonen herauszufinden und so durch höhere Flexibilität im Kopf auch den Arbeitsalltag besser zu bewältigen. Professor Hans Eberspächer, ausgewiesener Fachmann für Stressmanagement, hält eine festgefahrene Wenn-dann-Logik im Kopf für den sichersten Garanten, sich mit der Zeit selbst lahmzulegen. (6)

Trends

Coaches immer beliebter

Immer mehr Führungskräfte nehmen die Dienste professioneller Coaches in Anspruch. Die Arbeitsfelder der psychologisch geschulten Helfer sind vielfältig. Sie unterstützen Manager bei der Bewusstwerdung ganz unterschiedlicher Dinge - wie ihrer Stärken und Schwächen, ihrer Ziele, Fähigkeiten und Defizite. Auch für das Stressmanagement, die Selbstorganisation und den bewussten Umgang mit der Zeit bieten Coaches ihre Unterstützung an. Derzeit sind in Deutschland rund 8 000 Menschen als Coaches tätig. Die Nachfrage nach ihren Leistungen hat sich zwischen 2006 und 2010 um fast 50 Prozent erhöht. (8)

Fallbeispiele

Fondsmanager unter Druck

Die schwierige Lage insbesondere an den Aktienmärkten setzt Fondsmanager gewaltigem Stress aus. In einer Untersuchung wurde ermittelt, wie sich eine negative Aktienentwicklung auf das Verhalten der Portfoliomanager auswirkt. Es zeigte sich, dass im Minus agierende Fondsmanager versuchen, Stress zu reduzieren, indem sie widersprüchliche Informationen ignorieren und sich auf solche Infos konzentrieren, die ihre Positionierung bestätigen. Im Renditeplus schwelgende Manager tappen in eine andere Falle: Sie verfallen der Illusion, die Märkte fest im Griff zu haben und werden übermütig. (7)

Weiterführende Literatur

(1) Albtraum der Alphatiere
aus manager-magazin.de vom 05.03.2012

(2) Wenn Stress zu Fehlentscheidungen führt
aus - Personalwirtschaft, Heft 02/2012, S. 60-62

(3) Gegen den Zeitdruck
aus Allgemeine Hotel- und Gastronomie-Zeitung 04 vom 21.01.2012 Seite 0A1

(4) Stresstest
aus "medianet" Nr. 1517/11 vom 29.11.2011 Seite: 4

(5) Mitarbeiter führen, wenn es "brennt"
aus wirtschaft&weiterbildung, Vol. 20, Heft 03/2012, S. 26-28

(6) Denk- und Handlungsmuster überprüfen

aus Die Bank, Heft 01/2012, S. 80

(7) FONDSMANAGER IN KRISENZEITEN
aus Finanz und Wirtschaft vom 01.02.2012, Seite 6

(8) Schwierige Berufssituationen erfordern professionelle Hilfe Führungskräfte mit der Rolle als Coach häufig überfordert
aus Betriebswirtschaftliche Blätter, Februar 2012, Nr. 02, S. 84

Impressum

Gefährliche Chefetagen - Führungskräfte leiden zunehmend unter Stress

Bibliografische Information der deutschen Nationalbibliothek

Die Deutsche Nationalbibliothek verzeichnet diese Publikation in der deutschen Nationalbibliografie; detaillierte bibliografische Daten sind im Internet über http://dnb.d-nb.de abrufbar.

ISBN: 978-3-7379-0255-7

© 2015 GBI-Genios Deutsche Wirtschaftsdatenbank GmbH, Freischützstraße 96, 81927 München, www.genios.de

Alle Rechte vorbehalten. Dieses Werk ist einschließlich aller seiner Teile – z.B. Texte, Tabellen und Grafiken - urheberrechtlich geschützt. Jede Verwertung außerhalb der Grenzen des Urheberrechtsgesetzes bedarf der vorherigen Zustimmung des Verlags. Dies gilt insbesondere auch für auszugsweise Nachdrucke, fotomechanische

Vervielfältigungen (Fotokopie/Mikroskopie), Übersetzungen, Auswertungen durch Datenbanken oder ähnliche Einrichtungen und die Einspeicherung und Verarbeitung in elektronischen Systemen.